AF358892

TANT VA
L'AUTRUCHE A L'EAU...

A-PROPOS MILITAIRE, MÊLÉ DE COUPLETS

PAR

MM. E. GRANGÉ ET LAMBERT-THIBOUST

Représenté pour la première fois, à Paris, sur le théâtre du PALAIS-ROYAL, le 31 mai 1859.

PARIS

MICHEL LÉVY FRÈRES, LIBRAIRES-ÉDITEURS,

RUE VIVIENNE, 2 BIS

—

1859

Distribution de la pièce.

<table>
<tr><td>LE BARON SCHLAGMAN, caporal extraordinaire ....</td><td>M.   HYACINTHE.</td></tr>
<tr><td>LA VEUVE AUTRUCHE...............</td><td>Mlles THIERRET.</td></tr>
<tr><td>FÉLIX, sous-officier de turcos..........</td><td>CICO.</td></tr>
<tr><td>TORINO, soldat piémontais............</td><td>FLEURY.</td></tr>
<tr><td>MARIETTA, jeune pensionnaire italienne.</td><td>SCHNEIDER.</td></tr>
<tr><td>NINETTA, idem....................</td><td>DAROUX.</td></tr>
<tr><td>PÉPITA, idem.....................</td><td>MATHILDE.</td></tr>
<tr><td>JULIETTA, idem...................</td><td>CRÉNISSE.</td></tr>
<tr><td>BENETTA, idem...................</td><td>CHARLOTTE.</td></tr>
<tr><td>CARLOTTA, idem...................</td><td>MARGUERITE.</td></tr>
<tr><td>TROIS AUTRICHIENS. }....................</td><td>MM.</td></tr>
</table>

TANT VA L'AUTRUCHE A L'EAU...

Le jardin d'un pensionnat dans la Lombardie. — Portes latérales de pavillons. — Au fond, un mur sur lequel on lit : Veuve Autruche, tient pensionnat de jeunes Italiennes.

SCÈNE I.

NINETTA, PÉPITA, JULIETTA, CARLOTTA, et BENETTA.

(Au lever du rideau, les jeunes filles jouent à différents jeux : Ninetta, et Pépita, au volant; Julietta, saute à la corde; Carlotta balance Benetta sur une escarpolette *.)

CHŒUR.

Air de la première figure des *Lanciers*.

Dans ce jardin, Mesdemoiselles,
Amusons-nous bien bas, bien bas ;
Que des sous-maîtresses cruelles
Ici ne nous entendent pas !

NINETTA.

Et dire que nous sommes obligées de nous cacher pour nous amuser !

JULIETTA.

Que l'on nous prive de tout !..

NINETTA.

De nos raquettes !

BENETTA.

De nos joujous !

PÉPITA.

Que l'on nous empêche de faire des balançoires !

NINETTA.

Et pourtant nous sommes chez nous...

CARLOTTA.

Dans notre pays...

PÉPITA.

Nous devrions être libres...

* N. P. J. C. au fond avec B.

SCÈNE II.

LES MÊMES, MARIETTA, accourant *.

MARIETTA.

Mesdemoiselles !.. Mesdemoiselles !

TOUTES.

Marietta !..

MARIETTA, agitant un billet en l'air.

Une lettre !

TOUTES.

De qui ?.. de qui ?..

MARIETTA.

Silence donc !.. c'est de mon cousin Torino, ce jeune Piémontais qui nous aime tant.

TOUTES.

Bah !..

MARIETTA.

Écoutez ! « Ma chère Marietta, je sais combien tu t'ennuies en Lombardie, dans le pensionnat de la veuve Autruche... mais je n'oublie pas que je suis de la famille... un de ces quatre matins, j'irai flâner par là. Patience et courage !

« Ton cousin : TORINO. »

JULIETTA.

Est-il aimable !..

MARIETTA, mystérieusement.

Et d'après ce que j'ai pu voir... par la mine allongée de la veuve Autruche, il paraît que les cartes se brouillent... Mesdemoiselles, ça chauffe !..

TOUTES.

Comment?

MARIETTA.

Vous ne savez donc rien !.. Oh! mais il y a joliment du nouveau.

TOUTES, se pressant autour d'elle.

Ah ! conte-nous ça ! conte-nous ça !..

RÉCITATIF.

MARIETTA.

Écoutez, mes enfants,
Le récit des événements.

Air : *Mon petit François.*

L'Autriche trouvait
Qu'il était coquet
De s'offrir la Lombardie,

* B. C. J. M. N. P.

Et, pour sa santé,
De passer l'été
Et l'hiver en Italie,
Tout l'hiver en Italie.
Elle disait : Ah! que c'est bon
De la tenir sous ma férule ;
Elle est douce comme un mouton,
Dieu! quel amour de péninsule!
On répond : Halte-là!
C'est assez comme ça...
Ce beau système-là
Tôt ou tard finira,
Ça changera,
Ou bien l'on pourra
Se mettre en colère ;
Ça s' gâtera,
Et l'on t'enverra
Te faire lanlaire.

TOUTES.

Ah! la bonne affaire! (*bis*).
Vraiment, c'est charmant,
C'est divertissant!

MARIETTA.

Air : *Vive le roi* (HENRION).

Longtemps le Piémont a dit :
J' suis trop p'tit! (*bis*).
Mes amis, j' suis trop p'tit,
Pour faire
La guerre.
En Crimée, il a grandi :
Maintenant aguerri,
Il nous dit : Me voici,
Je suis votre frère!
Autrichien,
Tiens-toi bien,
Ici-bas, chacun son bien ;
Gard' le tien,
L'Italien
Doit avoir le sien.

J'ai de bons petits soldats...
Les Français, qu'il t'en souvienne,
Pourront, comme leurs papas,
Te fair' retourner à Vienne!..
Alors, changeant de dessein,
On voit l'Autriche orgueilleuse
Qui repasse le Tessin,
Mieux qu' n'import' quell' blanchisseuse!
Longtemps le Piémont a dit : etc.

TOUTES.

Air : *Menuet d'Exaudet.*

Mais tous ces
Grands et laids
Adversaires,
Là-bas, n'ont-ils pas aussi
Une foule de mi-
-litaires!

MARIETTA, riant.

Des militaires!..

Air : *Du Chalet.*

Dans le service de l'Autriche,
Le militaire n'est pas riche,
Chacun sait ça ;
Mais du militair' de l'Autriche,
Le militair' français se fiche,
On le verra!
Quand le canon commencera la fête,
A vous, soldats!.. en avant!.. croisez... ette!
Aux Autrichiens on donn'ra du tabac ;
Au bivouac,
Sans mic-mac,
Nous boirons leur rhum et leur rack.
Viv' la bataille et tout le tremblement!
Voilà l' moment,
En avant!

TOUTES.
En avant!

NINETTA.

Et nous pourrons jouer librement?

MARIETTA.

Qui nous en empêche? La vieille Autruche n'est pas là!.. à
moi le ballon !

PÉPITA.

Tu as raison... Enfoncée la vieille ! (Elles se remettent à jouer.)

REPRISE.

Viv' la bataille et tout le tremblement,
Voilà l' moment!
En avant! en avant!

SCÈNE III.

LES MÊMES, LA VEUVE AUTRUCHE *.

LA VEUVE AUTRUCHE, paraissant.

Tarteifle!.. que vois-je?..

TOUTES.

L'Autruche!

* C. C. J. A. M. N. P.

LA VEUVE AUTRUCHE.

On festivale, on se livre au plaisir, à des petits jeux pro-
hibés...

TOUTES.

Mais...

LA VEUVE AUTRUCHE.

Silence! au lieu de vous adonner à des lectures édifiantes, à
des travaux d'aiguille...

MARIETTA.

Ah! c'est ennuyeux!..

LA VEUVE AUTRUCHE.

Silence!.. A-t-on jamais vu des petites Lombardes comme
ça!.. je confisque tout...

TOUTES.

Oh!..

LA VEUVE AUTRUCHE.

A moi! mes sous-maîtresses!.. (Paraissent deux sous-maîtresses,
habillées en Autrichiens, l'arme au bras.) Emparez-vous des jouets de
ces jeunes Lombardes... et vivement!..

MARIETTA.

C'est arbitraire!

JULIETTA.

C'est intolérable! (Clairon au dehors.)

LA VEUVE AUTRUCHE.

Silence!.. on vient!.. Soyez décentes!..

SCÈNE IV.

Les mêmes, LE BARON SCHLAGMAN*.

SCHLAGMAN.

Bonjour, petites Lombardo-Vénitiennes, bonjour! (Elles lui
tournent le dos.)

LA VEUVE AUTRUCHE.

Le baron Schlagman chez moi!..

SCHLAGMAN.

Oui, veuve Autruche que vous êtes! Je vous envoie mon sa-
lut de guerre... Et aïe donc!

LA VEUVE AUTRUCHE.

De guerre?..

SCHLAGMAN.

Ignorez-vous, veuve Autruche, que les Italiens veulent se-
couer le joug... Ah!.. ah!... Elle est jolie comme tout... Pour
lors, c'est Bibi qui est caporal extraordinaire... Voyez mes
bottes!...

LA VEUVE AUTRUCHE.

Ah! les belles bottes!...

* B. C. J. S. A. M. N. P.

SCHLAGMAN.

J'ai des bottes... je suis le Bastien de *l'Autriche.*

MARIETTA, aux autres.

Ah! Mesdemoiselles, quel singe!..

SCHLAGMAN, à part, regardant Marietta.

Nom d'une côtelette milanaise, qu'elle est belle!

LA VEUVE AUTRUCHE.

Ainsi la guerre est déclarée?

SCHLAGMAN.

Déclarissimée... Je suis chargé d'observer les manœuvres de l'ennemi... c'est un poste d'honneur, mais ça manque de gaieté... Depuis huit jours, je colporte des manifestes... J'en suis éreinté. Veuve Autruche, de grandes choses se mitonnent, l'Italie fermente!

LA VEUVE AUTRUCHE.

Et mon pensionnat donc!

SCHLAGMAN.

Bah!...

LA VEUVE AUTRUCHE.

Elles refusent d'apprendre l'allemand... Ah! vous ne savez pas ce que c'est que l'Italie!..

SCHLAGMAN.

C'est un pays qui a la forme d'une botte... (Mettant sa botte sur le trou du souffleur.) Tenez, voilà le théâtre de la guerre.

LA VEUVE AUTRUCHE.

Ah! voyons!...

SCHLAGMAN.

Ici, dans ce coin... c'est Turin... et puis, au-dessous, cette petite machine... c'est la tour de Pise... Penchez! penchez!..

LA VEUVE AUTRUCHE.

Comme ça doit vous faire souffrir!...

SCHLAGMAN.

Oui... quand il pleut, j'ai mal à ma tour... Et puis là... oùs que sont mes éperons... c'est *Venise... Venezzia* la Bella... *oùs qu'on* va en gondole... Joli pays!.. joli pays!.. Ainsi vos petites pensionnaires?

LA VEUVE AUTRUCHE.

Je suis leur bête noire, quoi!

SCHLAGMAN, mystérieusement.

Aiment-elles la musique de Meyerbeer?

LA VEUVE AUTRUCHE.

Elles préfèrent Rossini!..

SCHLAGMAN.

Rossini!.. c'est un garçon de talent, mais il est Italien... Je confisque ses partitions... et aïe donc!

TOUTES, se récriant.

Ah!

SCHLAGMAN.

Je défends de chanter aucun motif de ce maestro.

LA VEUVE AUTRUCHE.

Vous entendez Mesdemoiselles; une prime de cinquante swanzigs à celle qui saura par cœur le *Pardon de Ploermel.*

MARIETTA.

C'est très-beau, mais...

LA VEUVE AUTRUCHE.

Laissez-nous...

SCHLAGMAN.

Ah! le nommé Verdi, garçon qui va bien aussi, est également prohibé (A part.) Cristi! qu'est-ce que j'ai donc dans mes bottes?..

TOUTES.

Air de VERDI.

Ah! c'est odieux !
C'est scandaleux !..
Quel acte inique!..

SCHLAGMAN.

Mais c'est du Verdi, ça!

MARIETTA.

Air d e ROSSINI.

O ciel!.. tu vois notre triste existence,
Ici nous sommes dans les fers...
Fais briller les jours d'indépendance!
Là-haut, nos pianos sont ouverts!..

TOUTES.

Là-haut, nos pianos sont ouverts!..

MARIETTA.

Suivez-moi! (*bis*.)
D'un monstre perfide
Trompons l'espérance stupide!

TOUTES.

Trompons l'espérance stupide !

MARIETTA.

Chantons Verdi
Et Rossini!

TOUTES.

Chantons Verdi
Et Rossini!

(Elles sortent en courant.)

SCÈNE V.

LA VEUVE AUTRUCHE, SCHLAGMAN, puis MARIETTA*.

LA VEUVE AUTRUCHE, criant.

Mais c'est de Rossini!...

* A. S.

SCHLAGMAN.

Guillaume Tell, troisième acte... Veuve Autruche, occupons-nous de choses plus sérieuses... Vous voyez donc devant vous un caporal extraordinaire qui voudrait folâtrer à Cythère.

LA VEUVE AUTRUCHE, pudiquement.

Avec moi?.. Oh!...

SCHLAGMAN.

Non, pas avec vous... vous m'intimidez. Je suis coiffé d'une de vos pensionnaires... de la jeune Marietta... et je veux l'épouser.

MARIETTA, reparaissant *.

M'épouser, moi!... Ah! ah! ah!

SCHLAGMAN.

Pourquoi pas?... J'ai de l'œil, du cheveu, de la dent... J'ai des bottes!.. Cristi!..

MARIETTA.

Jamais!... Je suis Italienne, mon bon!.. et vous, où êtes-vous né?

SCHLAGMAN.

A Vienne, *Crimcromeufenogel-Strass*... ce qui veut dire: rue Jean-pain-mollet, numéro 24.

MARIETTA.

Nous ne nous marions pas avec les gens de ce pays-là.

SCHLAGMAN **.

Je proteste !

LA VEUVE AUTRUCHE.

Quel caractère!

SCHLAGMAN.

Ah! petite méchante!... petite mauvaise tête!... (Bas à l'Autruche.) Je la mâterai !

LA VEUVE AUTRUCHE.

Vous croyez!

SCHLAGMAN.

J'ai mon plan!... A bientôt, petite cruelle!... je vas lancer un manifeste... ça fait mon quinzième de la journée.

LA VEUVE AUTRUCHE, à Marietta.

Réfléchissez!

MARIETTA.

C'est tout réfléchi.

SCHLAGMAN.

Je suis blakboulé! non d'un strakino!...

UN SOLDAT AUTRICHIEN, paraissant.

Caporal!...

SCHLAGMAN.

De quoi, Mélasco?

LE SOLDAT.

On vous attend aux avant-postes.

* A. M. S.
** M. A. S.

SCHLAGMAN.

Je m'y transporte .. Ah! ça devient bassinant !

Air des *Pilules.*

Sans avoir pris de repos,
C'est affreux, à tout propos
De tourner autour du Pô
Pour risquer sa peau !

ENSEMBLE.

Sans avoir pris, etc.

LES FEMMES.

Sans avoir pris de repos
Tout chef doit être dispos
A tourner autour du Pô
Pour risquer sa peau !

(Il sort. La veuve Autruche entre à droite.)

SCÈNE VI.

MARIETTA, puis LES JEUNES FILLES.

MARIETTA.

Ah! c'est trop fort!...

LES JEUNES FILLES, paraissant *.

Eh bien?

NINETTA.

Que t'a-t-il dit ?

MARIETTA.

Devinez!.. Il est amoureux de moi !

TOUTES.

Bah!..

MARIETTA.

Et il veut me traîner à l'autel.

JULIETTA.

Lui !..

MARIETTA.

J'aimerais mieux rester fille toute ma vie !.. et pourtant ça
me serait bien désagréable !

NINETTA.

Mais personne ne viendra donc à notre secours !

TORINO, montrant sa tête.

Cousine, peut-on entrer?

* MARIETTA.

Torino ! mon cousin ! (Elle va ouvrir la porte du fond.)

* E. P. M. N. J. B.

TOUTES.

Son cousin !

SCÈNE VII.

LES MÊMES, TORINO, costume de jeune officier Piémontais *.

ENSEMBLE.

Air :
Quelle heure d'ivresse !
Pour nous plus d'ennui;
Dans mes bras je presse
Un frère, un ami!

TORINO.
Qu'est-ce que c'est? les yeux rouges!.. des larmes !..

PÉPITA, pleurant.
Nous sommes bien malheureuses!..

MARIETTA.
Nous sommes esclaves de cette vieille Autruche!..

TORINO.
Esclaves!.. Ah !.. s'ils étaient là !

TOUTES.
Qui donc?

TORINO.
Mes camarades, mes amis de Crimée... ceux qui étaient là-
bas avec moi dans la tranchée... Oh! quand le danger mena-
çait ou les uns ou les autres, nous avions un chant de rallie-
ment... un signal de délivrance! (On entend au loin la voix de Félix.)

FÉLIX, en dehors.
Nous voilà!..
C'est la France
Qui s'avance :
Nous voilà,
Les amis sont toujours là !..

TORINO.
Cette voix!.. (Voyant paraître Félix.) Félix!.. un frère d'armes !..
un Français!..

LES JEUNES FILLES.
Un Français!

SCÈNE VIII.

LES MÊMES, FÉLIX **.

FÉLIX, paraissant.
Présent ! toujours présent à l'appel !..

* C. J. P. T. M. N. B.
** C. J. P. F. T. M. N. B.

Air des *Zouaves.*

Brave et hardi comme un vrai coq,
Rien n'égale sa renommée !
Aux lauriers conquis au Maroc
Il joint ceux cueillis en Crimée !
Qui sait toujours faire banco
Aux yeux de Mars et d'Idalie ?..
C'est le tu-tur, c'est le coco,
 C'est le turco
 De Kabyllie !

REPRISE ENSEMBLE.

C'est le tu-tur, c'est le coco, etc.

DEUXIÈME COUPLET.

FÉLIX.

Rival et frère du zou-zou,
Il est la fin' fleur de l'Afrique.
L'enn'mi, comme le couscoussou,
En lui trouve un' fameus' pratique.
Bref, qui ne dit jamais : Nisco,
En fait d' bataille ou de folie ?..
C'est le tu-tur, c'est le coco,
 C'est le turco
 De Kabylie !

REPRISE ENSEMBLE.

C'est le tu-tur, c'est le coco,
 C'est le turco
 De Kabylie.

TORINO.

Toi ici ! en Lombardie !

FÉLIX.

Eh ! oui, parbleu !.. Félix dit Ben-Amour, sous-officier de turcos... un crâne régiment, je m'en vante !

PÉPITA, bas aux jeunes filles.

Est-il gentil !

NINETTA, de même.

A-t-il l'air tapageur !

MARIETTA.

Et quel joli uniforme !

TORINO, lui serrant la main.

Ce cher ami !.. Et vous arrivez comme ça ?..

FÉLIX.

D'Afrique !.. paquebot express, grande vitesse... histoire de se donner un coup de peigne en Italie et de venir à votre aide.

TORINO ET LES JEUNES FILLES.

A notre aide ?

FÉLIX.

Le Piémont n'a-t-il pas été l'allié de la France ? nous nous sommes souvenus de la chose et nous avons voulu vous rendre la politesse.

MARIETTA.

Ah !.. nous avons grand besoin de votre protection, allez !

NINETTA.

Tenues en cage par la veuve Autruche.

FÉLIX.

La veuve Autruche !

MARIETTA.

Qui nous sèvre de toute distraction !

JULIETTA.

De tout plaisir !

BÉNETTA.

De toute liberté !

FÉLIX.

Voyez-vous ça !

MARIETTA.

Et qui veut me faire épouser un grand iroquois de baron autrichien.

FÉLIX.

Un Autrichien !.. ça ne sera pas, mille carabines !

TORINO.

Non, non !.. je m'y oppose.

FÉLIX.

Rassurez-vous, nous vous protègerons.

TORINO.

Nous vous défendrons.

FÉLIX.

Nous vous délivrerons !.. alliance défensive contre l'Autriche !..

TORINO.

Contre l'Autruche !

FÉLIX,

Et allez donc !.. à la baïonnette !

ENSEMBLE.

Air de l'*Ile d'amour*.

Entre nous
Formons alliance !
Ici, contr' eux tous,
Réunissons-nous !
A son tour,
De la délivrance,
En ce dur séjour,
Va briller le jour !
Marchons, nous voilà,

Houp-là! houp-là!
Sur ces pandours-là,
Houp-là! houp-là!
L' Viennois succomb'ra ;
Houp-là! houp-là!
L' bonheur après ça
Pour nous/vous luira.

FÉLIX.

En vain vous fait's les intrépides
Et vous vous drapez en héros,
Not' collection des Invalides
S'enrichira d' nouveaux drapeaux ;
Oui, comm' jadis, foi de turcos,
Nous vous pinc'rons quelques drapeaux.

ENSEMBLE.

Entre nous, etc.

LA VEUVE AUTRUCHE, en dehors.

Mesdemoiselles! Mesdemoiselles! où êtes-vous donc ?

MARIETTA.

Dieu ! c'est elle !

LES JEUNES FILLES, avec effroi.

La directrice!

PÉPITA.

Si elle nous voit, tout sera perdu !

NINETTA.

Nous serons mises en retenue !

MARIETTA.

Il faut vous cacher.

FÉLIX, se récriant.

Battre en retraite!

TORINO, de même.

Nous! des troupiers!

MARIETTA.

De grâce !... c'est pour nous!

FÉLIX.

Allons, soit!... obéissance à la beauté.

JULIETTA.

Vite !... vite!... par ici !... (Elles les font entrer dans la serre, à gauche, et referment la porte.)

SCÈNE IX.

LES JEUNES FILLES, LA VEUVE AUTRUCHE *.

LA VEUVE AUTRUCHE, entrant.

Eh bien, encore au jardin !... que faites-vous ici, péronnelles ?

* Les jeunes filles groupées à gauche, A.

TOUTES.

Madame !...

LA VEUVE AUTRUCHE.

Silence !... Répondez !

MARIETTA.

Nous... nous prenons l'air.

LA VEUVE AUTRUCHE.

Hum !... petite effrontée !

PÉPITA.

Nous respirons le frais.

LA VEUVE AUTRUCHE.

Prendre l'air !... respirer !... Vous êtes d'une exigence !...

TOUTES.

Mais enfin... permettez !...

LA VEUVE AUTRUCHE.

Allons ! ne raisonnez pas ! et retournez en **classe.**

TOUTES.

En classe !... encore en classe !...

MARIETTA, à part.

Et les autres qui sont là !...

LA VEUVE AUTRUCHE.

Obéissez !...

ENSEMBLE.

Air : *Au revoir M. Biscotin.*

LA VEUVE AUTRUCHE.
Qu'on me suive et dépêchons,
Point d'observations,
De lamentations,
Voici l'heure des leçons.
Venez vite, ou craignons
Les punitions.
LES JEUNES FILLES.
Quel ennui, mais dépêchons,
Point d'observations,
De lamentations,
Voici l'heure des leçons.
Rentrons vite, ou craignons
Les punitions.

(Elles sortent d'un côté avec la veuve Autruche pendant que les militaires en-
tr'ouvrent la porte de la serre et sortent de leur cachette.)

SCÈNE X.

FÉLIX, TORINO *.

TORINO.

Eh bien !... elles nous laissent seuls ?

* F. T.

FÉLIX.

C'est dommage! elles sont très-gentilles ces petites Italiennes!
on ferait volontiers une razzia.

TORINO.

Et cette vieille simpiternelle qui s'avise de les emmener !
Que le diable la patafiole !

FÉLIX.

Comment faire à présent pour les revoir ?

MARIETTA, entrant avec précaution.

Pstt!...

TORINO.

Tiens!... en voilà une!

NINETTA.

Pstt !...

FÉLIX.

Deux!...

PÉPITA ET LES AUTRES.

Pstt!...

FÉLIX.

Trois, quatre, cinq!... Nous voilà au grand complet !

SCÈNE XI.

LES MÊMES, MARIETTA, NINETTA, PÉPITA, JULIETTA,
BENETTA, CARLOTTA *.

MARIETTA.

Nous nous sommes échappées.

PÉPITA.

Et nous accourons près de vous.

NINETTA.

Avec des provisions.

LES HOMMES.

Des provisions!

MARIETTA.

Du vin, de la pâtisserie, des oranges, que nous avons chippées
à votre intention dans l'armoire de l'institutrice.

TORINO.

Vivat!

FÉLIX, gaiement.

Les contributions de guerre!

MARIETTA.

Dame ! il faut bien nourrir ses défenseurs.

TORINO.

En avant, les comestibles de la cantine !

* B. P. N. F. T. M. J. C.

FÉLIX.

Et vive la joie, morbleu!

Air du *Moujick.*

Guerre au vin hongrois!
En vrais soldats à la maraude,
Trinquons à la fois
A nos amours, à nos exploits.

TOUS.

Ah! ah! c'est charmant!
Vive le vin pris en fraude!
Ah! ah! c'est charmant,
Moquons-nous du règlement!

DEUXIÈME COUPLET.

MARIETTA.

A vous ces biscuits,
Trésor de la vieille grimaude.

PÉPITA.

Ces gâteaux...

NINETTA.

Ces fruits...

TORINO, riant.

Qu'ell' gardait pour les ennemis.

TOUS.

Ah! ah! c'est charmant!
Consommons leur bien en fraude!
Ah! ah! c'est charmant!
Moquons-nous du règlement.

TROISIÈME COUPLET.

FÉLIX.

Mais pour embraser
Notre âme d'une ardeur plus chaude,
Chacun, d'un baiser,
Oh! daignez nous favoriser!..

LES JEUNES FILLES, parlé.

Un baiser!..

FÉLIX, de même.

C'est pour sceller notre alliance.

LES JEUNES FILLES.

Oh! alors... (Elles les embrassent.)

ENSEMBLE REPRISE.

Ah! ah! c'est charmant!
Vive un baiser pris en fraude!
Ah! ah! c'est charmant!
Moquons-nous du règlement!

TOUTES.

Oui, oui, enfoncé le règlement !

MARIETTA.

Assez d'esclavage !.. révoltons-nous !

TOUTES.

Révoltons-nous !

SCHLAGMAN, en dehors.

Par ici, vous autres ! par ici !

MARIETTA.

Notre tyran !.. Venez !.. j'ai mon idée !..

ENSEMBLE.

Air de *L'Image.*

C'est trop d'obéissance !
Nous saurons résister,
Et, malgré sa puissance,
Rien ne peut nous mâter !
Non ! (*4 fois.*) Rien ne peut nous mâter !

(Ils sortent tous par le côté pendant que Schlagman paraît au fond.)

SCÈNE XII

SCHLAGMAN, TROIS SODDATS AUTRICHIENS portant divers objets.

SCHLAGMAN.

Allons, avancez, vous autres.

LES SOLDATS AUTRICHIENS.

CHŒUR.

Air : *Avançons en silence.*

Dans l'ombre et le mystère,
Avançons, mes amis,
Et faisons l'inventaire
De c' que nous avons pris !

SCHLAGMAN, entrant derrière eux.

Voyons, rendez-moi compte de vos petites exactions ... j'espère que vous avez été gentils... N'oubliez pas les termes du dernier manifeste : « Populations !.. nous respecterons votre territoire et vos propriétés. Chaque fois que nous vous filouterons quelque chose, nous vous donnerons un reçu. » (Aux soldats.) Ne soyons pas oppresseurs ! Ne soyons pas oppresseurs !.. (A un des soldats.) Toi, Fignolet, qu'est-ce que t'as filouté ?

PREMIER SOLDAT.

J'ai pincé quatre paquets de tabac... caporal.

SCHLAGMAN.

Du tabac ?

PREMIER SOLDAT.

Et de plus ces parapluies.

SCHLAGMAN.

Pour nous garantir des averses!.. c'est prudent!.. As-tu
donné un reçu?

PREMIER SOLDAT.

Oui, caporal.

SCHLAGMAN.

Très-bien. (A un autre.) Et toi, Pétermann?..

DEUXIÈME SOLDAT, accent allemand.

Moi, mon supérieur, j'ai pris un bain...

SCHALGMAN.

Ah!.. tu as bien fait!.. Un bain ça n'est pas malpropre,

DEUXIÈME SOLDAT.

Mais non... un bain de vingt lifres...

SCHLAGMAN.

Ah! un pain! un pain de vingt livres.

TROISIÈME SOLDAT.

Et moi ces trois bouteilles de vermuth.

SCHLAGMAN.

Lassagne?

TROISIÈME SOLDAT.

Non, vermuth *di Torino*.

SCHLAGMAN.

Je préfère.

DEUXIÈME SOLDAT.

Et enfin ce strakino. Il est très-jeune,...

SCHLAGMAN, prenant le fromage et le flairant.

Hum!.. Il est bien fort pour son âge. Ce fromage italien a
des opinions bien avancées.

LES SOLDATS.

Et vous, caporal, qu'est-ce que vous avez pris?

SCHLAGMAN.

Oh! moi, je me suis distingué... j'ai pris un bœuf.

LES SOLDATS.

Un bœuf!..

DEUXIÈME SOLDAT.

Je ne vois pas le bœuf.

SCHLAGMAN.

Je vas vous dire... comme je le tirais par la queue pour l'a-
mener, le paysan à qui il appartenait est venu, a repris sa
bête, et ma flanqué une pile.

LES SOLDATS.

Une pile!..

PREMIER SOLDAT.

Avez-vous donné un reçu?

SCHLAGMAN.

Non... Je me suis sauvé... Ne soyons pas oppresseurs!..
Nous sommes des Autrichiens... mais, révérence parler, ne

soyons pas des pignoufs!.. Voyez-vous, mes enfants, l'Europe a l'œil sur nous... Il y a à Paris un journal qu'on appelle *le Charivari...*

Air : ***On dit que je suis sans malice.***

Chaqu' matin, il nous donn' la schlague,
Il nous tarabuste, il nous blague;
A sa tête est un monsieur Cham
Qui nous traîn' dans le macadam ;
Il détériore nos figures,
Il fait d' nous des caricatures...
Ayons un peu d' tenue ici,
Méfions-nous du *Charivari!*
Se méfier du *Charivari!*

SCÈNE XIII.

LES MÊMES, LA VEUVE AUTRUCHE *.

LA VEUVE AUTRUCHE, accourant.

Ah ! baron!.. baron!..

SCHLAGMAN

Qu'avez-vous, veuve Autruche?.. pourquoi cet air épouffé?

LA VEUVE AUTRUCHE.

Caporal, nous polkons sur un volcan.

SCHLAGMAN.

Un volcan?.. où ça, un volcan?

LA VEUVE AUTRUCHE.

Je crains quelque projet de rébellion parmi mes pensionnaires... Elles se sont enfermées dans le grand dortoir... Il m'a semblé entendre des cris séditieux.

SCHLAGMAN.

On s'insurgeote?..

LA VEUVE AUTRUCHE.

J'en ai peur.

SCHLAGMAN.

Ne craignez rien!... je suis là!... ce serait bien le diable si trois hommes et un caporal extraordinaire ne parvenaient pas mettre à la raison quelques petites folles. (Bruit en dehors.)

LA VEUVE AUTRUCHE.

Tenez!... ce bruit... entendez-vous... ce sont elles!...

SCHLAGMAN.

Je vais les mâter!... Ah! mâtin!... je les mâterai!... (On entend la marche des zouaves.)

TOUS.

Qu'est-ce que cela?

* S. A.

SCÈNE XIV.

Les mêmes, TORINO, FÉLIX, toutes les pensionnaires en uniforme de turcos et de Bersaglieri; Marietta marche à leur tête en jouant du clairon. — Défilé.

CHŒUR.

Air de *la Marche des Zouaves*.

Nous voilà!
Avec la France
On s'avance!
Nous voilà!
Pour nous défendr' nous somm's là!

LA VEUVE AUTRUCHE.

Que vois-je!.. mes pensionnaires !..

MARIETTA.

Vos pensionnaires !.. allons donc !

FÉLIX.

Elles ne le sont plus!

NINETTA.

Des engagées volontaires, s'il vous plaît !..

JULIETTA.

Et décidées à repousser la force par la force...

TORINO.

Avec l'aide des Français, nos amis et nos alliés.

SCHLAGMAN.

Ah! c'est comme ça!.. A moi, mes hommes !... (Les trois soldats l'entourent.) Je vais vous faire danser.

FÉLIX.

Vous?.. plus souvent! c'est nous qui allons vous faire sauter militairement.

SCHLAGMAN.

Moi!.. un caporal extraordinaire !

TORINO.

Oui, vous et ces Messieurs.

FÉLIX.

Et avec la vieille encore !

LA VEUVE AUTRUCHE.

Par exemple !

SCHLAGMAN.

Je proteste !

LA VEUVE AUTRUCHE.

Nous protestons !

FÉLIX.

Allons, pas tant de façons!.. sautez vivement !..

MARIETTA.

Et c'est moi qui me charge de fournir l'orchestre ! (Elle embouche son clairon.)

ENSEMBLE.

Air nouveau de M. MANGEANT.

FÉLIX, TORINO ET LES JEUNES FILLES.
Eh! sautez donc!
Dansez donc!
Sautez donc!
Que, de bonne grâce,
On chasse,
On déchasse!
Eh! allez donc!
Sautez donc,
Dansez donc
Au joli son
Du clairon!

NINETTA.
Allons, ne vous en déplaise,
Dansez, dansez, grand magot,
Ce pas que l'armée française
Vous apprit à Marengo.

ENSEMBLE.

Eh! sautez donc! etc.

(Sur chaque refrain, on force Schlagman et la veuve Autruche à exécuter une
danse d'ours.)

TORINO.
L'Autrichien qui se réveille
Veut trancher du Tamerlan,
Mais sa puissance est bien vieille
Pour aller jusqu'à Milan.

ENSEMBLE.

Eh ! sautez donc! etc.

SCHLAGMAN, parlé.
Un instant, j' d'mande à respirer !
D'après l' dernier manifeste,
Nous d'vions être triomphants...
Pour nous, il est manifeste
Que l' manifest' m'a mis dedans !

ENSEMBLE.

Eh! sautez donc! etc.

(Un coup de canon se fait entendre au dehors, tout le monde s'arrête.)

TOUS, parlé.
Le canon!

FÉLIX.
Ce n'est plus un' plaisant'rie;
On va se frotter tout d' bon,
Et bientôt, je le parie,
Vous dire au bruit du canon :

ENSEMBLE.

Eh! sautez donc! etc.

MARIETTA, au public.

A propos de l'Italie
On doit attendre un succès ;
Ne dit's donc pas, je vous prie,
En parlant de nos couplets :
    Eh! sautez donc!
       Sautez donc ! (*bis.*)
  Que de bonne grâce
      On chasse
    On déchasse!
  Eh ! allez donc!
     Sautez donc! (*bis.*)
  Au joli son
    Du clairon.

REPRISE ENSEMBLE.

Eh ! sautez donc, etc.

FIN.

LAGNY. — Typographie de A. VARIGAULT et Cie.